Raphaël-Georges Lévy

La Dette anglaise

Essai

Le code de la propriété intellectuelle du 1er juillet 1992 interdit en effet expressément la photocopie à usage collectif sans autorisation des ayants droit. Or, cette pratique s'est généralisée dans les établissements d'enseignement supérieur, provoquant une baisse brutale des achats de livres et de revues, au point que la possibilité même pour les auteurs de créer des œuvres nouvelles et de les faire éditer correctement est aujourd'hui menacée. En application de la loi du 11 mars 1957, il est interdit de reproduire intégralement ou partiellement le présent ouvrage, sur quelque support que ce soit, sans autorisation de l'Éditeur ou du Centre Français d'Exploitation du Droit de Copie , 20, rue Grands Augustins, 75006 Paris.

ISBN : 978-1545440407

10 9 8 7 6 5 4 3 2 1

Raphaël-Georges Lévy

La Dette anglaise

Essai

Table de Matières

Section I	*6*
Section II	*9*
Section III	*15*
Section IV	*17*
Section V	*23*
Section VI	*30*

Section I

La Grande-Bretagne mérite de nous servir d'exemple en matière financière. Il n'y a pas de meilleure preuve à l'appui de ce dire que l'histoire de la Dette anglaise. La plus ancienne de celles qui pèsent aujourd'hui sur les peuples civilisés, elle est cependant celle qui, en Europe, diminue le plus rapidement. Au cours des deux siècles qu'embrasse son existence, elle a suivi des fortunes diverses : née au lendemain de la Révolution qui chassa définitivement les Stuarts et mit Guillaume d'Orange sur le trône d'Angleterre, elle s'accrut au cours des diverses guerres qui agitèrent l'Europe au XVIIIe siècle, succession d'Espagne, succession d'Autriche, guerre de Sept ans ; elle fut plus que doublée lors de la guerre de l'Indépendance américaine, si bien qu'à la veille de la Révolution française elle atteignait un chiffre de plusieurs milliards de francs, considérable pour l'époque. Plusieurs fois, au XVIIIe siècle, des périodes de paix furent mises à profit par les hommes d'Etat britanniques pour réduire le fardeau des engagements contractés aux jours d'épreuve. Avec plus ou moins de succès, des procédés divers furent employés à cet effet : tous indiquaient la préoccupation constante des ministres de faire disparaître le plus promptement possible les charges imposées à la nation par les luttes extérieures. Néanmoins la dette augmentait deux ou trois fois plus vite en temps de guerre qu'elle ne diminuait dans les intervalles.

Mais les efforts de l'Angleterre de 1689 à 1703 furent peu de chose, comparés à celui qu'elle fit dans son duel contre la France et Napoléon. Si cruelle que l'issue en ait été pour nous, nous devons rendre hommage à l'indomptable ténacité dont nos ennemis donnèrent alors l'exemple. En vingt-deux ans, la dette anglaise tripla : elle s'élevait en 1815 à environ vingt milliards de francs, soit 800 millions de livres sterling.[1] Rappeler que ce total est supérieur à celui de la dette actuelle d'aucune nation, la nôtre exceptée, c'est faire comprendre d'un mot quelle en était l'énormité au commencement du siècle. Dire en même temps que le Royaume-Uni est seul à nous présenter le spectacle d'un pays

---

1 Nous ne parlerons plus au cours de cet article qu'en monnaie anglaise, dont l'unité est la livre sterling, qui vaut 25 fr. 22 cent. La livre se divise en 20 shillings et le shilling en 12 pence.

dont la dette est réduite en 1897 à moins des trois quarts de ce qu'elle était il y a 80 ans, c'est faire pressentir à nos lecteurs tout l'intérêt d'une histoire financière unique en Europe. Car il faudrait passer les mers et montrer comment les Etats-Unis d'Amérique ont, en quelques années, remboursé presque entièrement une dette comparable à celle de l'Angleterre, pour trouver le spectacle d'un peuple plus prompt encore à effacer les traces financières d'une lutte fratricide. Mais si nous réfléchissons à la différence des conditions de la vie nationale en Europe et en Amérique, nous trouvons que les résultats obtenus au cours du XIXe siècle par les Anglais, bien que moins rapides et brillants que ceux auxquels les Américains sont parvenus, méritent peut-être d'être encore plus admirés : les obstacles à vaincre étaient infiniment plus grands ; les services qu'un peuple européen s'attend à voir assurer par l'Etat, même en un pays d'individualisme anglo-saxon, sont plus nombreux et plus coûteux ; les difficultés politiques, dans un vieux monde où l'Angleterre n'a pas renoncé à jouer un rôle et dans un univers qu'elle a peuplé de ses colonies, lui imposent des dépenses militaires et navales que les Etats-Unis, aussitôt la guerre de Sécession terminée, ont pour ainsi dire supprimées du jour au lendemain. Nous ne savons pas dans quelle mesure ils vont les augmenter, à la suite de leur guerre contre l'Espagne.

Il suffit, pour mesurer la grandeur de la politique économique anglaise au point de vue spécial qui nous occupe, de la comparer à celle des autres pays européens. Partout ailleurs nous voyons les budgets écrasés par des emprunts, dont les capitaux ne sont pas encore remboursés aux rentiers, ou ne l'ont été que dans une proportion insignifiante. Plus un pays a un passé considérable, et plus lourd est l'héritage de dette qui lui a été légué, rançon de la gloire ou des désastres militaires. Mais il y a plus : il n'est guère de grande nation continentale européenne qui n'ait, dans les temps modernes, répudié à un moment donné une partie de sa dette, soit en réduisant par un acte arbitraire le montant de l'intérêt payé par elle à ses créanciers, soit en frappant d'un impôt les coupons, soit même en supprimant une fraction plus ou moins importante du capital dû. Là où il n'a pas été porté atteinte au contrat direct intervenu entre le Trésor emprunteur et les souscripteurs à ses titres de rente, l'Etat a souvent eu recours à un mode d'emprunt forcé des plus pernicieux, parce que tous les dangers n'en apparaissent pas au premier abord : nous voulons parler de l'émission de papier-monnaie ; à un moment donné ce papier se consolide, s'échange contre du métal, mais presque toujours dans une proportion moindre que celle qui résultait de la valeur assignée à ces billets lors de leur création ; une banqueroute partielle s'accomplit. L'histoire financière anglaise ne nous montre rien de semblable. Depuis deux siècles, les engagements du Trésor ont été scrupuleusement remplis ; les taux d'intérêt promis, intégralement payés ; si des réductions d'intérêt fréquentes ont eu lieu, ce n'a été que par suite d'accords librement intervenus entre l'Echiquier, c'est-à-dire l'administration financière de l'Etat, et les porteurs de rentes, mis chaque fois à même de réclamer le remboursement de leur capital, quand ils ne voulaient pas se contenter d'un revenu réduit. Si, pendant la période des guerres napoléoniennes, le cours forcé a été établi ; si les billets de la Banque d'Angleterre ont cessé d'être remboursables en métal, cet état de choses a pris fin aussitôt la paix conclue, et aucun porteur de billets n'a subi de ce chef un dommage.

Les hommes d'Etat anglais, à quelque parti qu'ils appartinssent, ont toujours été préoccupés de réduire la Dette : mais ils n'ont compté, pour y arriver, que sur les moyens légitimes et légaux. Depuis la fin du XVIIIe siècle, on ne relève pas une défaillance dans leur gestion financière. Certes, leur politique économique générale n'a pris la grande allure que nous admirons que vers le milieu du présent siècle ; le libre-échange, l'abaissement ininterrompu du prix des objets de première nécessité, le dégrèvement des classes pauvres ne sont la caractéristique des budgets anglais que depuis l'administration de sir Robert Peel, de M. Gladstone et d'autres grands hommes d'Etat modernes. Mais de tout temps les ministres des finances, les chanceliers de l'Echiquier, pour les appeler de leur nom propre, ont travaillé à la réduction du capital et des intérêts de la Dette, la seconde de ces tâches devenant d'autant plus aisée qu'ils réussissaient mieux à accomplir la première. Jusqu'en 1815, leur effort, considéré dans son ensemble, a été un travail de Pénélope : les sommes empruntées à nouveau dépassaient d'une façon formidable celles qui étaient amorties. Mais le principe ne s'enracinait pas moins dans l'esprit des ministres et, chose plus importante, des Parlements. Chacun se pénétrait de cette idée que la Dette publique n'est pas une sorte de condition naturelle et nécessaire d'existence des budgets ; que les générations successives ne sont pas destinées à en supporter à tout jamais le poids écrasant ; que celles-là mêmes qui l'ont assumé ont pour premier devoir de songer à le supprimer et doivent, à la minute où les événements le permettent, travailler à cette suppression.

Aussi verrons-nous les idées d'amortissement, de réduction d'intérêt, de transformation de dette perpétuelle en dette viagère ou en annuités à terme fixe, de rachat de certains impôts au moyen du versement d'une somme une fois payée, se répandre chaque jour davantage. Il semble que l'ingéniosité des financiers anglais s'applique sans relâche à explorer tous les coins du budget, de façon à y découvrir à toute heure de nouvelles ressources applicables à la diminution de la Dette publique. Les procédés les plus variés sont mis en œuvre ; peu leur importe la complexité apparente des méthodes suivies, pourvu qu'elles convergent toutes vers un but unique. A mesure que nous avancerons dans cette étude si instructive, nous verrons les ministres aborder avec une audace croissante l'éternel problème qu'ils considèrent comme posé devant eux et vers la solution duquel chacun fait un pas.

La division de notre étude est tracée par les faits. Dans une première partie, nous résumerons l'histoire de la Dette anglaise au XVIIIe siècle ; la seconde sera consacrée à la période de la lutte contre la France ; la troisième embrassera l'époque moderne, depuis 1816 jusqu'à nos jours. Nous examinerons ensuite l'état actuel de la Dette et les méthodes en vigueur pour en assurer l'amortissement. Une conclusion dans laquelle nous jetterons un coup d'œil sur l'état général des finances anglaises et l'esprit qui anime ceux qui les administrent nous permettra de donner au lecteur une idée de la situation du Royaume-Uni sous le rapport de la Dette publique et des procédés employés pour la réduire, comparée à celle des autres nations européennes et de la nôtre en particulier.

Section II

Négligeant la période antérieure à la Révolution de 1688, nous ne parlerons pas des expédions auxquels les rois recoururent à plus d'une reprise ni des démêlés qu'ils eurent avec le Parlement et qui amenèrent une première fois l'établissement de la République sous le protectorat de Cromwell et une seconde fois la chute définitive des Stuarts : à cette dernière époque, en 1689, la Dette n'était que d'un million de livres sterling. Deux ans après, elle avait triplé. En 1692, un acte du Parlement autorise un emprunt de 1 million garanti par les droits sur la bière et les spiritueux. L'ensemble de ces taxes devait former un fonds destiné à payer les intérêts aux souscripteurs : à la mort de chacun d'eux, l'intérêt qui lui était payé se répartissait entre les survivants, jusqu'à ce que le nombre en fût réduit à sept. A partir de ce moment, l'annuité versée à chaque titulaire taisait retour à l'Etat lors de son décès, si bien qu'à la mort du dernier survivant la dette se trouvait entièrement éteinte. Ce système d'emprunt n'était possible qu'au moyen d'inscriptions nominatives, seules d'ailleurs en usage, même aujourd'hui, de l'autre côté de la Manche : il n'y a point de titres au porteur pour les consolidés anglais.

Les premiers emprunts n'étaient pas contractés sous la forme de dette perpétuelle, adoptée par la plupart des nations européennes contemporaines, mais remboursables, intérêt et capital, au moyen d'un certain nombre d'annuités. C'est en 1694 qu'apparaît la dette consolidée (*funded debt*). La Banque d'Angleterre, fondée en cette année, commença par prêter a l'Etat la totalité de son premier capital, soit 1 200 000 livres, au taux de 8 pour 100 l'an ; avec la somme de 4 000 livres qui lui fut accordée pour rémunérer sa gestion de la dette, elle recevait donc une annuité totale de 100 000 livres, garantie par la perception des droits sur la bière et le tonnage des navires : ce qui lui valut le sobriquet de Banque du tonnage. En 1697, au traité de Ryswick, la dette anglaise s'élevait déjà à 21 millions de livres. Mais, aussitôt la paix conclue, apparaissent les efforts pour diminuer les charges contractées pendant les années de guerre. En quatre ans, le chiffre descend à 16 millions. La guerre de la succession d'Espagne coûtant près de 3 millions par an, la dette en 1713 dépasse 53 millions ; elle s'élève à 55 millions en 1723, à la suite de nouvelles guerres avec l'Espagne et de la crise financière occasionnée par la compagnie des mers du Sud. Les années de paix qui suivent sont de nouveau mises à profit, par le ministère Walpole, pour racheter des titres de la dette, dont le total est ramené à 47 millions en 1739, à la veille de la guerre de la succession d'Autriche.

Divers traits marquent cette première période d'un demi-siècle. Au début l'Echiquier a encore recours aux anciens systèmes pour se procurer des ressources : tontines, avances d'impôt, etc. Mais peu à peu les émissions de rentes consolidées prirent une importance de plus en plus grande. En même temps les avances de la Banque d'Angleterre à l'Échiquier n'avaient cessé d'augmenter : en 1708, par un acte de la septième année du règne d'Anne,[1] le chiffre primitif de 1 200 000 livres avait été porté à 1 600 000. Cette nouvelle avance était consentie sans intérêt ; ce qui équivalait à ramener le taux de 8 à 6 pour 100 sur le total des 1 600 000 livres désormais prêtées. En échange, la Banque vit son privilège renouvelé jusqu'en 1732 ; dès 1713, il le fut jusqu'en 1742. En 1716 (acte 3 de Georges Ier) le découvert montait à 2 100 000, par suite de l'annulation de 500 000 livres de bons de l'Échiquier rachetés par la Banque. En 1721, cette dernière, ayant été chargée de racheter le capital de la compagnie de la mer du Sud, devint de ce chef créancière du Trésor pour 3 328 300 livres. En 1727 et 1728 (1 et 2 de Georges II) elle avança encore 3 millions à l'Etat, dont la dette vis-à-vis de cet établissement dépassait ainsi 8 millions de livres sterling.

Aussi son privilège fut-il renouvelé en 1742 pour une période de 22 ans, moyennant une nouvelle avance de 1 600 000 livres, qui devait s'augmenter encore, quatre ans plus tard, par la vente à la Banque de 984 800 livres de bons de l'Echiquier, lesquels furent annulés et transformés en une dette permanente du Trésor vis-à-vis de la Banque. En 1764, alors que le total de cette dette atteignait le chiffre qui est encore celui d'aujourd'hui, à savoir 11 015 100 livres, le privilège fut renouvelé, pour la cinquième fois, jusqu'en 1780 ; en 1781, une nouvelle prorogation fut accordée jusqu'en 1812, au prix d'autres avances, que nous nous bornons à mentionner on passant, parce qu'elles ont été remboursées et ne figurent plus aujourd'hui dans le montant de la dette publique. En 1800 le privilège fut prorogé de 21 ans, c'est-à-dire jusqu'en 1833, contre une avance de

---

[1] On sait qu'en Angleterre les lois, qui portent le nom officiel de *Acts of Parliament*, se datent d'après l'année du règne du souverain pendant lequel elles sont promulguées.

3 millions ; il le fut pour la dernière fois en 1833 pour une période de 22 ans, le gouvernement étant autorisé à le dénoncer en 1844, époque à laquelle cette dénonciation eut lieu et l'organisation actuelle de la Banque fut établie. Parallèlement aux mouvements en capitaux de la dette publique, nous devons signaler, pendant cette période, ceux de l'intérêt servi aux rentiers. En 1717 le taux avait été ramené de 6 à 5 pour 100 ; en 1727, de 5 à 4 pour 100, ce qui procura au Trésor une économie annuelle de 400 000 livres. Une rente 3 pour 100, émise à cette époque, fut cotée en 1736 au pair et en 1737 à 107, cours le plus élevé qu'elle ait jamais atteint.

La guerre de la succession d'Autriche eut l'effet ordinaire de celles qui l'avaient précédée et de celles qui devaient la suivre : en 1748, le capital de la dette atteignait 78 millions. Mais, dès 1749, Pelham réduit la charge d'intérêts, en faisant réussir une conversion de 4 en 3 pour 100, moyennant promesse de payer, à titre intérimaire, 3 1/2 pour 100 aux rentiers jusqu'en 1757. Le taux de 3 pour 100 était du reste alors celui du crédit anglais, puisque des titres de rente de ce type, émis en 1751, s'élevaient dès l'année suivante au cours de 106 3/4.

En 1750 le chiffre de la dette avait été ramené aux environs de 72 millions ; mais en 1763, à la fin de la guerre de Sept ans, il était remonté à 122 millions, sans compter une dette flottante de 14 millions qui, trois ans plus tard, était réduite à 10, et en 1775 à 4 millions. La guerre de l'Indépendance américaine doubla presque la dette consolidée, qui en 1783 s'élevait à 238 millions de livres, environ 6 milliards de francs, chiffre considérable en lui-même, énorme pour le XVIIIe siècle. Le service des intérêts coûtait 6 millions 1/2. C'est pendant cette période de la guerre d'Indépendance que beaucoup d'emprunts furent émis au-dessous du pair ; jusqu'en 1780, cette pratique n'avait guère été en vigueur chez les Anglais, qui aimaient mieux payer l'intérêt que commandaient les circonstances, en recevant la totalité du capital dont ils se reconnaissaient débiteurs, et concéder certains avantages spéciaux aux souscripteurs, sous forme par exemple de billets de loterie. Ce dernier système fut en vigueur jusqu'en 1823 et avait donné lieu, au cours du XVIIIe siècle, à des combinaisons diverses. Tantôt les loteries avaient pour but de servir d'appât aux souscripteurs de fonds publics, en s'ajoutant aux autres avantages promis à ceux-ci en échange de leurs versements ; tantôt elles étaient destinées à fournir à elles seules une ressource directe pour le Trésor. Des séries d'emprunts furent émis au moyen de la vente de billets, dont les numéros gagnants avaient droit à une certaine quantité de titres de rente. C'est ainsi que dès 1694 un emprunt d'un million avait été créé sous forme de cent mille billets à 10 livres l'un, l'Etat s'engageant à servir pendant seize ans une annuité de 140 000 livres, qui se répartissait entre les porteurs de billets selon les chances des tirages. En 1697 un autre emprunt de 1 400 000 livres, également en billets de 10 livres, est doté de lots variant de 10 h 1 000 livres. En 1710, un emprunt de 1 500 000 livres est émis en billets de 10 livres. Chaque souscripteur a droit à une annuité de 14 shillings, soit 7 pour 100, pendant 32 ans ; les porteurs de numéros gagnants reçoivent des annuités qui varient de 5 à 1 000 livres.

Il serait inutile d'entrer dans le détail de toutes les opérations en emprunts à loteries, qui furent ainsi contractées de 1694 à 1784 ; mais il est intéressant de rappeler que ces combinaisons furent constamment employées pour attirer des souscripteurs aux fonds publics. L'appât de rentes viagères s'y ajoutait parfois : c'est ainsi qu'en 1745 chaque souscripteur de 100 livres à un emprunt-loterie de 300 000 livres eut droit à une rente supplémentaire de 4 livres et demie sa vie durant, avec faculté pour lui de désigner un autre bénéficiaire de ce droit viager. En 1755, à l'occasion d'un emprunt d'un million de livres, apparaît le système qui consiste à rendre aux souscripteurs, sous forme de lots, moins d'argent qu'ils n'en versent à l'Etat : en échange de leur million, ils ne doivent recevoir en tout, par voie du sort, que 900 000 livres, qui leur seront payées en annuités, à 3 pour 100 ; le Trésor bénéficie de 100 000 livres. En 1757 le procédé se renouvelle par l'émission, à 3 pour 100 de prime, d'un million de billets de 1 livre, vendus à 21 shillings. En 1759 au contraire, chaque versement de 100 livres donne droit à un capital de 105 livres de rente 3 pour 100 et à un billet de loterie de 10 livres. La plupart des emprunts des années suivantes, faits tantôt en 3 pour 100, tantôt en 4 pour 100, consistent en une combinaison d'émission de rentes et de création simultanée de billets de loterie. A quatre reprises, en 1770, 1772, 1774 et 1775, la loterie fut employée comme moyen de réduire l'intérêt sur une portion de la dette ou d'en racheter le capital. En 1770, les porteurs de 4 pour 100 qui acceptèrent une réduction d'intérêt à 3 reçurent, par chaque 100 livres de leur capital, deux billets de loterie de 14 livres l'un, contre versement par eux de 20 livres. En 1772, les porteurs de 1 500 000 livres d'une dette 3 pour 100, qui en acceptèrent le remboursement au taux de 90, eurent le droit de souscrire, pour chaque 100 livres de capital, 40 livres en billets de loterie vendus à 50. L'Etat reçut ainsi 750 000 livres, et, comme il n'en distribua que 600 000 en primes, réalisa un bénéfice de 150 000 livres.

A partir de 1784, on revint au système inauguré en 1755, et qui consistait à procurer à l'Echiquier une partie des ressources dont il avait besoin dans l'année par l'émission d'une loterie. Ces loteries pures, dégagées de toute combinaison avec un emprunt en annuités terminables ou perpétuelles, avaient eu lieu quatre fois de 1755 à 1784. Il y en eut désormais une, régulièrement tous les ans, jusqu'en 1823 : l'écart entre le total des sommes reçues du public et le montant des lots représentait pour l'Echiquier une recette nette qui a varié de moins de 90 000 à plus de 500 000 livres par an. De 1802 à 1816, c'est-à-dire pendant la période qui s'étend entre l'acte d'union de l'Angleterre et de l'Irlande (1800) et la fusion des deux échiquiers jusque-là séparés (1817), le bénéfice se répartit entre les deux îles. L'Irlande n'avait payé ses lots en titres de rente que dans deux occasions, en 1780 et 1781. Ce genre d'opérations a, depuis 1824, disparu du Royaume-Uni. Il subsiste dans plusieurs pays, notamment en Espagne, où il fonctionne régulièrement et constitue un revenu annuel pour le Trésor.

Parmi les emprunts de la guerre de l'Indépendance américaine, nous citerons celui de 1781, qui fut particulièrement onéreux pour le Trésor : contre un versement de 12 millions, celui-ci donna un capital de 18 millions en rentes 3 pour 100 et de 3 millions en rentes 4 pour 100. Chaque souscripteur de 1 000 livres sterling reçut 1500 livres de capital en 3 pour 100, 250 livres de capital en 4 pour 100, et eut encore le droit de souscrire au pair quatre billets de 10 livres dans une loterie de 480 000 livres. L'année suivante, le souscripteur de 1 000 livres recevait 1 000 livres en 3 pour 100, 500 livres en 4 pour 100, 78 annuités de sept huitièmes de livre (17 shillings 6 pence) et enfin le droit de souscrire au pair trois billets de 10 livres dans une loterie de 405 000 livres. On voit à quelle variété de combinaisons l'Echiquier avait recours, et quels sacrifices il était obligé de consentir pour se procurer les fonds dont il avait besoin.

Section III

Avec la fin du XVIIIe siècle, nous entrons dans la période la plus importante de l'histoire de la dette anglaise : en moins de vingt-cinq ans, elle va plus que tripler et s'élever à son point culminant. A partir de 1793, chaque année est marquée par un ou plusieurs emprunts qui, sous les formes et les titres les plus divers, en porteront le chiffre à plus de 800 millions de livres.

Une tontine, en 1790, procure 1 million au Trésor : six classes de souscripteurs reçurent des annuités variables selon leur âge ; dans chaque classe, les annuités des décédés allaient aux survivans jusqu'à ce qu'elles atteignissent 1 000 livres ; elles faisaient ensuite retour à l'Etat. Le dernier bénéficiaire est mort en 1887. En 1794, 4 millions et demi de 3 pour 100 sont vendus au cours de 70. L'emprunt de 11 millions effectifs, émis en 1795, donne droit à chaque souscripteur, en échange de son versement de 100 livres, à 100 livres de capital d'une rente 3 pour 100, 25 livres de capital 4 pour 100, et 66 annuités et quart de 11 shillings 5 pence chaque, si bien que, contre une recette de 11 millions, l'Echiquier se reconnut débiteur de 11 millions capital en 3 pour 100, 2 750 000 en 4 pour 100 et d'une annuité de 62 791 livres courant jusqu'en 1860. En 1796 une combinaison analogue fait créer par l'Etal, en échange d'une somme de 18 millions, un chiffre égal de 3 pour 100, 6 millions de 4 pour 100, une annuité de 85 500 livres devant expirer en 1860. La même année, un autre emprunt en 3 pour 100 donne droit, pour une souscription de 100 livres espèces, à 83 livres de 3 pour 100 et à vingt-cinq annuités de 5 livres chacune. En 1797, les souscripteurs à un emprunt pour la marine, les ravitaillements et transports, reçoivent l'option de demander à leur choix, pour chaque 100 livres de bons du Trésor que l'opération est destinée à consolider, 178 livres de 3 pour 100, 138 de 4 pour 100 ou 119 de 5 pour 100 : les quantités variaient selon l'époque de création des bons présentés.

La même année, un emprunt de 18 millions, connu sous le nom d'emprunt du loyalisme (*Loyalty loan*), nous montre une combinaison encore plus curieuse. Chaque souscripteur apportant 100 livres à l'Échiquier reçoit 112 livres et demie en un titre de 5 pour 100, ne pouvant être remboursé que trois ans au plus tôt après que tous les autres 5 pour 100 alors en circulation l'auraient été ; toutefois les propriétaires de ces titres avaient, de leur côté, le droit d'en exiger, deux ans après la signature d'un traité de paix définitif, soit le remboursement au pair, soit l'échange en 3 pour 100 à raison de 133 livres pour chaque 100 livres de 5 pour 100.

Nous voyons à la même époque l'Angleterre émettre, pour compte de l'empereur d'Allemagne, un emprunt de 1 620 000 livres, qui ne fut liquidé qu'en 1824 par un arrangement avec l'Autriche.

Chacune des années suivantes est marquée par une ou plusieurs opérations de crédit, dont la plupart rentrent dans l'un des types que nous venons d'indiquer. Beaucoup d'emprunts sont émis en partie pour compte de l'Angleterre, en partie pour celui de l'Irlande ; certains d'entre eux, comme celui de 1 500 000 livres en 1806, exclusivement pour ce dernier. Des options sont données, à des reprises fréquentes, aux souscripteurs, qui choisissent eux-mêmes le type de rente qui leur convient le mieux : soit un intérêt élevé avec un capital égal ou légèrement supérieur à la somme versée, soit un intérêt moindre avec une majoration énorme de capital. Le Trésor, en d'autres cas, fixe à l'avance les variétés de titres qu'il donne pour un même emprunt à chaque souscripteur : en 1812, par exemple, un versement de 100 livres donne droit à 20 livres en consolidés 3 pour 100, 100 livres en 3 pour 100 réduit (*reduced*), 20 livres en 4 pour 100 et 48 annuités de 6 shillings 11 pence. Les emprunts se succèdent avec une rapidité croissante à mesure que la conflagration s'étend et que la lutte devient plus ardente. Il serait fastidieux de donner le détail de ces opérations, dont l'énumération seule serait trop longue : en une année, l'Angleterre alla jusqu'à emprunter 65 millions de livres, plus de 1 600 millions de francs. En 1817, le total de la dette anglaise et irlandaise atteignait 800 millions de livres sterling, c'est-à-dire 20 milliards de francs.

Section IV

Nous sommes au point le plus élevé de la courbe. Les dettes anglaise et irlandaise, qui deviennent en 1817 la délie consolidée du Royaume-Uni, représentent le lourd héritage d'une lutte gigantesque. Elles seront peu à peu unifiées par le transfert des inscriptions d'Irlande en Grande-Bretagne : comme la monnaie des deux îles n'était pas alors la même, le chiffre nominal des rentes, en passant de la première à la seconde, fut diminué d'environ 7 pour 100. Les moments qui suivent la conclusion de la paix ne sont pas ceux qui voient l'amélioration immédiate des finances : des emprunts sont nécessaires pour reconstituer les forces du pays, pour combler les vides creusés par la guerre. L'année 1816 est marquée par des emprunts plus considérables qu'aucune de celles qui l'avaient précédée, à l'exception de 1814. En 1817, le gouvernement se fait encore avancer par la banque d'Angleterre trois millions de livres, qu'il ne lui remboursera qu'en 1835. Mais bientôt les choses changent de face ; les emprunts deviennent moins nombreux et moins importants ; ils s'émettent à des cours de plus en plus favorables pour l'Échiquier. En 1820, les souscripteurs, contre chaque versement de 100 livres, recevaient encore un capital nominal de près de 143 livres de 3 pour 100, ce qui équivalait à une émission de 3 pour 100 à 70 ; un 4 pour 100 est émis en 1827 à 93 et demi, chaque souscripteur recevant, en échange de 100 livres espèces, 107 livres de 3 pour 100 ; en 1836, le 3 pour 100 s'émet au pair, mais chaque souscripteur à 100 livres de stock reçoit 27 annuités de 13 shillings 7 pence, ce qui ramène le taux d'émission du 3 pour 100 à 94 environ.

Désormais d'ailleurs, ce n'est plus la liste des emprunts qui est intéressante ; c'est la description des innombrables combinaisons au moyen desquelles les hommes d'État anglais cherchent à réduire la dette nationale. L'effet de ces tentatives ne devient sensible qu'à partir de 1841, époque à laquelle la dette n'était encore guère descendue au-dessous du chiffre de 1817. Depuis lors, elle a diminué de plus d'un quart, en dépit de certains accroissements passagers dus, par exemple, à la guerre de Crimée. Nous allons essayer d'en donner une idée en distinguant les conversions proprement dites des autres modes d'extinction. La conversion est l'opération par laquelle l'État débiteur met les rentiers dans l'alternative de recevoir le remboursement du capital de leur rente ou de se contenter désormais d'un intérêt réduit. Elle ne peut être entreprise qu'aux époques de prospérité, alors que les marchés financiers sont calmes, que le cours des fonds qu'il s'agit de convertir a dépassé le pair : car, pour que l'offre de remboursement du capital faite par le gouvernement soit refusée, l'intérêt réduit qu'il promet doit encore constituer une rémunération suffisante pour engager les rentiers à conserver leurs titres et à ne pas chercher ailleurs un placement plus fructueux de leurs capitaux. En général, une opération de conversion n'entraîne aucune modification au capital nominal de la Dette ; il arrive cependant qu'afin de donner aux rentiers une certaine compensation, le Trésor consent à leur remettre, en échange de leurs titres à intérêt plus élevé, une quantité légèrement supérieure de titres nouveaux à intérêt réduit : mais le fait même que cette combinaison semble nécessaire condamne l'opération, qui ne se justifie que lorsque l'intérêt attaché aux titres est supérieur à celui auquel l'Etat pourrait emprunter ; dès lors, il devient certain qu'en offrant ce dernier taux, l'Etat doit rencontrer l'adhésion des rentiers sans être obligé de majorer le capital de leur créance.

Dès 1822, 152 millions de 5 pour 100 furent convertis en 4 pour 100 ; un ancien fonds 4 pour 100 de 76 millions fut réduit à 3 1/2 pour 100 en 1824. Cette dernière conversion fut une des rares opérations de ce genre qui n'eurent pas un plein succès en Angleterre. Robinson, chancelier de l'Échiquier, avait eu le tort de ne pas offrir aux rentiers qui refuseraient d'accepter ses propositions le remboursement immédiat de leurs titres, et de le leur promettre par tiers en trois ans. Il leur laissait un délai de six semaines pour se prononcer sur son offre de conversion, et interprétait leur silence comme une demande de remboursement, alors que la règle est au contraire d'exiger une déclaration expresse de celui qui n'adhère pas aux propositions du Trésor. En 1830, le 4 pour 100, créé huit ans auparavant, fut converti en un 3 1/2, irréductible pendant sept uns : il ne se produisit pas un cinquantième de demandes de remboursement. En 1834, le dernier type 4 pour 100 qui subsistât encore fut converti en 3 1/2, sans qu'il se produisît à cette occasion une seule demande de remboursement. Dès lors ; la Dette anglaise consolidée ne comprenait plus que deux types : le 3 1/2 et le 3 pour 100. En 1844, le 3 1/2 fut converti, au moyen d'une combinaison à peu près analogue à celle qui avait réussi un siècle auparavant et qui avait, en 1749, été appliquée par Pelham au 4 pour 100, de façon à le réduire au taux de 3 pour 100 à partir de 1757, en passant par l'étape intermédiaire du 3 1/2 pour 100. Cette fois, l'échelon à descendre n'était que d'un demi pour cent ; mais l'opération portant sur un chiffre de rentes beaucoup plus considérable, 248 millions, le chancelier de l'Echiquier procéda par deux étapes successives d'un quart chacune : les rentiers qui acceptèrent reçurent 3 1/4 pour 400 d'intérêt pendant dix ans, c'est-à-dire jusqu'en 4854, époque à partir de laquelle ils n'avaient plus droit qu'à 3 pour 100. Cette opération réussit à merveille : il ne se produisit pas un tiers pour mille de demandes de remboursement, et le nouveau fonds 3 4/4 s'inscrivit presque aussitôt à la cote au cours de 103.

Nous ne mentionnerons qu'en passant la tentative faite par M. Gladstone, dès 1853, pour acclimater le type 2 1/2 : il subsiste encore aujourd'hui 32 millions de ce fonds, créé en partie alors, en partie en 1884, dans des circonstances que nous rappellerons tout à l'heure.

La sagesse du plan de la conversion de 1844 apparut bientôt : l'échéance à laquelle le 3 1/4 devenait automatiquement du 3 pour 100 coïncida avec le début de la guerre de Crimée. Une conversion n'aurait pu être proposée et n'aurait pas à coup sûr été acceptée à cette époque, si la prévoyance de la Trésorerie n'avait réglé les choses dix ans à l'avance. Cette guerre, la première et probablement la dernière grande lutte européenne dans laquelle, depuis Waterloo, l'Angleterre se soit laissé entraîner en ce siècle, eut pour effet inévitable d'augmenter le capital de la Dette. Toutefois les idées économiques avaient fait assez de progrès pour que la moindre partie seulement de ses charges fût demandée à l'emprunt. M. Gladstone, dans l'un de ses admirables discours financiers qui resteront à jamais des modèles du genre, rappela au Parlement et au peuple que « les dépenses de la guerre sont l'obstacle moral qu'il a plu à la Providence de mettre à l'ambition et à l'amour des conquêtes dont sont dévorées tant de nations. » Il en concluait que c'était aux générations présentes à supporter la majeure partie des frais résultant d'entreprises décidées par elles. Il éleva l'impôt sur

Section IV

le revenu à près de 6 pour 100 (quatorze deniers par livre sterling), mit un droit sur le malt, l'alcool et le sucre, et se fit autoriser à créer jusqu'à 6 millions d'obligations de l'Echiquier (*Exchequer bonds*) remboursables par tiers en 1858, 59 et 60. Le seul grand emprunt fait en rente consolidée pour la guerre de Crimée fut celui de 16 millions en 1855 ; il consistait en un 3 pour 100 émis au pair, chaque souscripteur de 100 livres recevant en outre trente annuités de 14 shillings 6 deniers chacune. Le montant de l'annuité étant de 116 000 livres, et le service annuel de 16 millions de 3 pour 100 exigeant 480 000 livres, on voit que l'emprunt coûtait environ 3 3/4 pendant trente ans ; mais la charge additionnelle devait cesser en 1885, époque à partir de laquelle l'Échiquier ne payerait plus que 3 pour 100 sur les sommes reçues par lui en 1855.

Ainsi, alors même que les Anglais empruntent en rentes perpétuelles, ils sont préoccupés de diminuer au bout d'un certain temps la charge des intérêts, toujours fidèles à l'idée qu'il n'est permis à aucune génération de grever indéfiniment l'avenir. Depuis cette époque, aucun grand emprunt n'a été émis. En 1884, M. Childers, chancelier de l'Echiquier, voulut procéder à une conversion du 3 pour 100 ; il donna aux porteurs l'option d'échanger 100 livres de ce fonds contre 102 livres de 2 3/4 ou 108 livres de 2 1/2, l'un et l'autre de ces nouveaux titres étant garantis contre tout remboursement jusqu'en 1905. Mais ces propositions n'eurent que peu de succès : 20 millions de livres à peine, dont plus de la moitié appartenaient à des administrations publiques, y adhérèrent. Ce fut quatre ans plus tard, en 1888, qu'eut lieu la dernière des grandes opérations de conversion ; et, chose curieuse, la presque unanimité des rentiers acceptèrent alors des conditions beaucoup moins avantageuses que celles qu'ils avaient refusées en 1884.

Le gros de la dette anglaise se composait à ce moment de 558 millions de 3 pour 100, d'origine et de dénomination diverses : nouveau, réduit, consolidé. M. Goschen les convertit en 2 1/2, en leur accordant 2 3/4 d'intérêt annuel jusqu'en 1903. En financier avisé, il ne négligea aucun des moyens qui devaient assurer le succès de l'opération : il ne mit pas les rentiers en présence de systèmes divers, entre lesquels ils auraient pu hésiter ; il déclara que leur silence serait considéré comme un acquiescement, il intéressa les banquiers et autres intermédiaires à la réussite de son plan, au moyen d'une légère commission. Le résultat répondit à son attente : sans que le capital de la Dette eût été augmenté d'un denier, l'économie annuelle immédiate fut de 1 400 000 livres ; elle sera doublée à partir de 1903. La Dette flottante s'éleva passagèrement à 36 millions de livres, à cause des quelques demandes de remboursement qui se produisirent, mais ne tarda pas à redescendre à son niveau normal. Cette brillante opération clôtura dignement la troisième période de l'histoire de la Dette anglaise, qui embrasse le XIXe siècle à partir de 1816, et au cours de laquelle l'intérêt en a été ramené de 5 à 2 1/2 pour 100. C'est ce 2 1/2, parfois désigné du nom de fonds Goschen, qui forme à l'heure actuelle la presque totalité de la dette anglaise consolidée : le chiffre en est, à la fin de 1897, descendu à 522 millions, en dehors desquels il n'existe que 4 1/2 millions de 2 3/4, 32 1/2 millions de 2 1/2, remboursables l'un et l'autre en 1905, et 41 millions d'un 3 pour 100, non remboursable avant 1912, qui s'appelle le *local loans stock* (fonds des emprunts locaux).

Ce dernier fonds provient de la consolidation opérée en 1887 par le même M. Goschen, d'une série d'avances faites jusque-là par l'Echiquier à diverses caisses locales et à des municipalités. Ces avances remontaient en certains cas au siècle dernier ; depuis 1842, les commissaires de la dette nationale furent autorisés à y consacrer annuellement une certaine somme votée par le Parlement. Cette somme était fournie soit par des émissions de bons de l'Echiquier, soit par des prélèvements sur les fonds disponibles des banques d'épargne ou des caisses d'épargne postales. M. Goschen critiqua avec raison un système qui faisait figurer dans les dépenses de l'État des avances faites par lui et qui inscrivait parmi ses recettes le remboursement de ces mêmes avances. Il créa 37 millions d'un titre spécial 3 pour 100 (*local loans stock*), en échange duquel il annula une somme égale d'obligations souscrites par la caisse des travaux publics et les municipalités vis-à-vis de l'Echiquier, et une portion de la dette flottante créée pour fournir les fonds nécessaires à ces avances.

L'Angleterre tient un état minutieux de tous ses engagements, qui, en dehors de cette dette consolidée, ne s'élèvent d'ailleurs pas à un total bien considérable. Le volume imprimé tous les ans par ordre du Parlement et qui renferme ce qu'on appelle les comptes de finance du Royaume-Uni, donne le détail des sommes dues à la Cour suprême de justice, à l'ancienne Cour des faillites, aux Banques d'Angleterre et d'Irlande. Ces deux dernières sont créancières, au total, de 13 645 869 livres, dont 11 015 100 dues à la Banque d'Angleterre et 2 630 769 à la Banque d'Irlande. Nous avons indiqué les avances successives faites de 1694 à 1746 par la Banque d'Angleterre à l'Echiquier et non remboursées par celui-ci. L'acte de 1844, qui a donné à la Banque sa constitution actuelle, l'a autorisée à émettre des billets, non couverts par son encaisse ou ses rentes immobilisées, jusqu'à concurrence de la dette de l'Etat ; cette dette ne deviendrait exigible par la Banque que le jour où son privilège, qui se renouvelle chaque année par tacite reconduction, lui serait dénoncé. Il en est de même pour la dette de l'Echiquier vis-à-vis de la Banque d'Irlande, qui lui a avancé 2 630 769 livres en quatre fois, de 1782 à 1821. Ces avances rapportent intérêt à 2 trois quarts pour 100 l'an, c'est-à-dire au taux de la rente consolidée. Les Anglais n'ont pas cherché à obtenir cette ressource à titre gratuit, comme c'est le cas en France, où la Banque prête au Trésor 180 millions de francs sans intérêt. Une dette inscrite (*book debt*) de 13 millions coûte également 2 trois quarts au Trésor : elle tire son origine d'une loi de 1892, qui a décidé l'inscription de cette charge au fonds consolidé, sur les ressources duquel doivent être, tous les trimestres, prélevés les intérêts de ces 13 millions, dus par l'Echiquier aux commissaires de la dette publique.

Le même relevé de la dette anglaise évalue en capital les diverses annuités, viagères et autres, dont nous allons, dans un instant, expliquer l'origine : il leur assignait, au 31 mars 1897, une valeur de 45 millions de livres. En y ajoutant une dette flottante de 8 millions, on arrivait, à cette époque, à un capital total de 640 millions de livres sterling. En regard de ce passif figure un actif de 23 millions, dont la presque totalité consiste en 176 602 actions du canal de Suez, achetées en 1875 moyennant 4 millions par le gouvernement anglais au khédive, qui valent au cours du jour plus de 22 millions et fournissent au Trésor un revenu de près de 700 000 livres. Le surplus de l'actif consiste en annuités de diverses natures dues à la métropole, entre autres par l'Inde et l'Australie, et dont la capitalisation représente environ 1 million.

Dès l'origine, le service de la dette publique avait été confié à la Banque d'Angleterre, moyennant une rémunération qui a varié selon les époques : aujourd'hui elle est de 325 livres par million jusqu'à un demi-milliard et de 100 livres par million pour ce qui dépasse ce chiffre ; l'année dernière, le total s'en est élevé à 175 611 livres. La Banque d'Irlande reçoit pour le même service 425 livres par million, et a perçu de ce chef en 1896-97 une somme de 9 356 livres. Le mode d'opérer des deux banques est arrêté, pour chaque emprunt, par les actes du Parlement, qui contiennent une clause spéciale chargeant la Banque d'Angleterre de conserver les registres où sont inscrits les noms des rentiers. Les transmissions de rentes s'effectuent au moyen de feuilles de transfert, que les propriétaires signent en personne ou par procuration, à la Banque, en présence de courtiers désignés à cet effet ou de tel autre officier ministériel qui certifie l'identité du signataire.

Section V

Nous avons dit l'effort continu par lequel le gouvernement anglais a poursuivi, avec une singulière persévérance, l'amortissement de la dette. La valeur des méthodes multiples employées à cet effet a varié ; l'importance des résultats obtenus diffère selon les époques : mais il est d'autant plus intéressant de rappeler le chemin parcouru qu'il semble que les progrès les plus notables aient été réalisés dans les derniers temps. Sans se contenter des conversions que nous avons décrites et dont la répétition, à des intervalles plus ou moins courts, n'a cessé de diminuer la charge annuelle du pays, celui-ci était jaloux de voir décroître le chiffre de son passif, de diminuer chaque année ses engagements, dont le Parlement, en fidèle intendant, a soin de mettre la liste, à la fin de chaque exercice, sous les yeux de ses électeurs.

La commission pour la réduction de la dette nationale a été instituée en 1786 (acte 26, Georges III) par une loi du Parlement « remettant certaines sommes à des commissaires à la fin de chaque trimestre, pour être employées par eux à la réduction de la dette nationale. » Les commissaires étaient le président de la Chambre (*speaker*), le chancelier de l'Echiquier, le maître des rôles, le comptable général de la Cour de chancellerie, les gouverneur et vice-gouverneur de la Banque d'Angleterre. Le comptable général fut plus tard remplacé par le payeur-maître général ; depuis 1880, le lord chef de la justice fait partie de la commission.

Un premier fonds d'amortissement, institué en 1716 et qui devait réunir les excédents de trois caisses appelées le *general fund, l'aggregate fund,* le *South sea fund* (fonds général, accumulé, de la mer du Sud), avait peu à peu cessé de fonctionner. Au lieu de servir à l'amortissement de la dette, il avait fini par fournir des ressources aux budgets : lorsque des circonstances imprévues amenaient une augmentation de dépenses, le gouvernement trouvait plus commode de puiser dans cette réserve que de demander au Parlement de nouveaux impôts. Ce fut Pitt qui, désireux de faire cesser cet état de choses, proposa, en 1786, de décider que tous les trois mois il serait prélevé, sur les recettes générales du budget, une somme de 250 000 livres. Ce million annuel devait, par le jeu des intérêts composés, avoir produit au bout de vingt-huit ans un capital dont le revenu suffirait alors à racheter annuellement 4 millions. Les fonds seraient employés au rachat d'annuités, forme ordinaire sous laquelle s'effectuaient alors les emprunts publics. La préoccupation d'empêcher une dette perpétuelle de s'installer dans les budgets était si forte qu'un acte de 1792 ordonna que tout emprunt nouveau, remboursable dans un délai supérieur à 45 ans, serait doté d'un fonds d'amortissement spécial de 1 pour 100, distinct du fonds général (*sinking fund*) institué en 1786.

A la date du 21 décembre 1813, le total des rentes et annuités rachetées par ces diverses caisses d'amortissement s'élevait à 258 millions. Mais comme la dette s'était accrue parallèlement d'une somme beaucoup plus forte par l'émission de nouveaux emprunts et que nombre de ceux-ci avaient été souscrits à des cours plus bas, c'est-à-dire plus onéreux pour l'Echiquier que ceux des titres rachetés, on songea à modifier le système. En 1829, l'ancienne législation relative à la matière fut abolie et un nouveau fonds d'amortissement institué. Ce fonds de 1829, qui était alors nouveau par rapport à celui de Pitt, a été désigné ensuite sous le nom de vieux fonds d'amortissement (*old sinking fund*), après qu'en 1875 un autre eût été institué par sir Stafford Northcote. Le principe qui dirigea le législateur en 1829 était qu'il n'y a d'amortissement réel que celui qui s'opère au moyen de surplus budgétaires : emprunter d'une main pour racheter des rentes de l'autre n'a pour résultat que de se faire illusion. Désormais un quart de l'excédent des recettes sur les dépenses publiques dut être appliqué à la réduction de la dette ; les commissaires annuleront les titres de rentes et d'annuités rachetés par eux ; ils pourront racheter même des titres de la dette flottante, des bons de l'Echiquier. De 1829 à 1890, cet *old sinking fund* a racheté un capital de 70 millions, pour lequel il en a payé 68, c'est-à-dire que les rachats ont eu lieu à des cours voisins du pair.

Le nouveau fonds d'amortissement (*new sinking fund*) date de 1875 ; depuis cette année, une somme fixe est inscrite au budget, dans la partie qui n'est pas soumise au vote annuel du Parlement, celle qu'on nomme le fonds consolidé. Tout ce qui dans cette charge permanente n'est pas exigible pour le service des intérêts, doit être appliqué au rachat de la dette. Cette somme fixe a varié : de 27 400 000, montant primitif, elle s'est élevée jusqu'à 29 millions en 1882, pour redescendre à son chiffre actuel de 25 millions. La dernière diminution a été justifiée par l'économie d'intérêts produite par la conversion Goschen en 1888. De 1876 à 1890, le nouveau fonds a racheté 7 millions et demi de dette, se composant de rentes 3 et 2 3/4, d'obligations de l'Echiquier et de bons du Trésor.

Mais les Anglais ne se sont pas bornés à constituer des fonds d'amortissement, ils ont attaqué la charge permanente de la dette par d'autres procédés destinés à la réduire, et finalement à la faire disparaître, si les circonstances ne venaient sans cesse créer des besoins auxquels les impôts ne suffisent pas toujours. Ce système, considéré d'une façon générale, consiste à transformer une dette perpétuelle en une dette à échéance limitée ; au lieu de rester indéfiniment engagé à payer aux rentiers un certain intérêt jusqu'au jour où il serait en mesure de leur en rembourser le capital, le Trésor s'oblige à leur verser un nombre d'annuités soit fixe, soit leur vie durant. Le jour où la dernière annuité a été payée, la dette est éteinte en capital et en intérêts. Le montant de chaque annuité est supérieur d'une certaine quantité à la somme qui eût suffi à servir l'intérêt ; mais l'addition annuelle de cette quantité sert précisément à faire peu à peu disparaître le capital emprunté. Nous avons vu que, déjà au XVIIIe siècle, un grand nombre d'emprunts avaient été contractés sous cette forme. En 1808, une loi (*Life annuity act, 48 George III*) autorisa les rentiers porteurs de 3 pour 100 à échanger leurs titres contre une annuité viagère, calculée de façon que le montant qui dépassait la somme correspondant à l'intérêt précédemment payé, placé à intérêts composés pendant la durée probable de la vie du bénéficiaire (*annuitant*), eût reconstitué à sa mort le capital de sa rente. A partir de 1817, les commissaires furent autorisés à délivrer, en échange de titres de rente ou bien d'une somme d'argent immédiatement employée par eux à acheter des titres de rente, des annuités différées, c'est-à-dire dont la jouissance ne commençait pour l'intéressé qu'un certain temps après qu'il avait effectué la remise de ses titres ou des espèces.

De 1808 à 1828, il fut ainsi transféré aux commissaires un capital de 10 918 996 livres, presque tout en 3 pour 100, et une longue annuité (expirant en 1860) de 24 014 livres. En échange, ils avaient accordé des annuités viagères d'un montant annuel de 882 117, dont 642 415 livres étaient encore en cours à la date de 1828. L'Echiquier ayant à cette époque fait le bilan de ses opérations, c'est-à-dire calculé la valeur actuelle des annuités promises par lui, afin de la comparer à celle des titres qui lui avaient été transférés, s'aperçut qu'il était en déficit notable. Aussi les tables de mortalité, sur lesquelles il avait jusque-là fondé ses conversions, furent-elles modifiées par l'acte de 1829, qui donna aux commissaires de très larges pouvoirs : ils furent autorisés à accepter des titres de rentes, de longues annuités ou de l'argent, et à promettre en échange des annuités viagères ou terminables, sans limite de somme ni d'âge. Tous les titres remis devaient être aussitôt détruits, et les annuités servies sur le fonds consolidé du Royaume-Uni.

Cette extension des opérations du Trésor donna lieu à l'époque à des spéculations assez originales. Certaines gens se mettaient en quête de vieillards vigoureux, sur la tête desquels ils se faisaient constituer des rentes viagères dont le taux était favorable : les districts les plus sains de l'Angleterre, le Cumberland, le Westmoreland, l'Ecosse, furent visités par ces émissaires d'un nouveau genre, dont une série de mesures arrêtèrent l'industrie.

Un acte de 1833 accorda des facilités spéciales aux déposants des banques d'épargne pour l'achat d'annuités viagères, en particulier d'annuités différées, qui leur permettaient de se constituer une sorte de retraite pour leurs vieux jours. En 1864, on alla jusqu'à autoriser le gouvernement à faire des assurances sur la vie pour des sommes variant entre 20 et 100 livres. Elles étaient calculées sur la base d'un taux de 3 1/4 : ce taux fut lui-même abaissé à plusieurs reprises, pour les divers calculs d'annuités et d'assurances, à 3, à 2 3/4 et en dernier lieu à 2 1/2 pour 100, lors de la conversion Goschen en 1888. On comprend en effet qu'à mesure que le revenu des fonds publics diminue, le Trésor doive proportionner à ce revenu les engagements qu'il prend vis-à-vis des rentiers, qui le paient au moyen de ses propres fonds. Le total des titres de toute nature échangés de 1808 à 1890 contre des annuités viagères s'est élevé à 55 millions, le montant des annuités créées a été de 5 millions, dont 1 100 000 seulement couraient encore en 1890.

Toutes ces mesures s'appliquaient au rachat de rentes possédées par des particuliers. En 1863 M. Gladstone fit un pas hardi et appliqua le principe de la conversion des rentes perpétuelles on annuités à court terme au portefeuille des administrations publiques. Mais celles-ci ne pouvant pas, comme des particuliers, détruire leur capital en consommant tous les ans la somme qui leur est versée, devaient employer l'annuité à racheter des rentes et à reconstituer le capital aliéné dans la période pendant laquelle courait l'annuité. C'est ainsi qu'en 1863, 5 millions des rentes appartenant aux banques d'épargne furent convertis en une annuité devant expirer en 1885. En 1867, 34 millions de rentes appartenant aux caisses d'épargne postales furent convertis en une annuité de 2 410 000 livres devant cesser en 1885. En 1870, M. Lowe, chancelier de l'Echiquier, annula 7 millions de rentes appartenant au fonds des caisses d'épargne et les remplaça par une annuité de 553 000 livres devant également expirer en 1885. En 1874, sir Stafford Northcote échangea encore 7 millions contre une annuité de 651 000 livres jusqu'en 1885 : on remarque qu'à mesure que le nombre des annuités promises décroît, le taux, par rapport au capital qu'elles remplacent, s'élève. Ceci n'a rien que de fort naturel : en 1870, il suffit de payer un peu moins de 8 pour 100, afin d'amortir le capital en quinze ans ; en 1874, afin d'avoir amorti à la même échéance de 1885, c'est-à-dire en onze ans, il faut payer plus de 9 pour 100.

En 1883, M. Childers procéda à la plus importante des opérations de ce genre qui ait jamais été accomplie en une fois : il convertit d'un coup 70 millions de rentes, dont 40 appartenaient à la caisse de dépôts judiciaires (littéralement aux plaideurs engagés devant

Section V

la haute cour) et 30 aux caisses d'épargne postales. Les premiers 40 millions furent convertis en une annuité terminable de vingt ans calculée de la façon suivante : les commissaires de la dette s'engageaient à payer à ce fonds de la cour de justice les intérêts des titres annulés, plus une somme suffisante pour acheter sur le marché des consolidés en quantité telle que le fonds de 40 millions eût été reconstitué au bout des vingt ans. L'annuité de la première année fut fixée à 2 665 835 livres : elle est susceptible de varier selon le cours des consolidés, puisqu'il faut en acquérir chaque année une quantité déterminée. Quant aux 30 millions, ils furent remplacés par des annuités terminables de 3 600 000 livres, dont un tiers devait durer cinq ans, un tiers dix ans et un tiers quinze ans. Le montant de chacune de ces annuités pouvait également varier de façon à assurer la reconstitution du capital à la fin de la période : cette annuité de 3 600 000 fut transformée en 1887 par M. Goschen en une annuité de 1 983 096 devant cesser en 1902. Déjà, en 1883, on avait décidé de prolonger jusqu'en 1903 des annuités expirant en 1885 et dont la charge annuelle totale était de 5 135 262 : on la remplaça par une charge annuelle de 684 022, prolongée de dix-huit ans.

Ces dernières opérations étaient l'inverse des autres ; elles étaient en quelque sorte l'aveu — puisque au lieu de concentrer la charge du remboursement sur un petit nombre d'exercices elles l'étendaient à une période plus longue — qu'on avait marché trop vite dans une voie excellente, et que les ressources de la nation ou la volonté de ses représentants ne permettaient pas d'alléger aussi rapidement l'avenir aux dépens du présent. Mais il n'en est pas moins vrai que, même ainsi reculées, les annuités expirent au bout d'une période très courte, et que par conséquent l'esprit général de prévoyance qui préside à la politique financière anglaise n'a pas cessé de l'inspirer.

Le montant total du stock et des créances (*stock and charges*) sur le fonds consolidé appartenant à des administrations publiques, échangés de 1863 à 1883 contre des annuités terminables, dépassa 118 millions de livres. Le retrait de cette somme, joint à l'échange, fait volontairement par des particuliers, de titres de rente contre des annuités viagères ou des annuités terminables, et le placement continuel en consolidés d'une partie importante des annuités payées par le Trésor à des administrations publiques, ont beaucoup aidé à la hausse constante des fonds anglais. Cette hausse, pour ainsi dire ininterrompue, à peine troublée de temps à autre par des émotions politiques, amène à son tour les conversions, c'est-à-dire les offres faites aux rentiers d'un intérêt réduit, à moins qu'ils ne préfèrent recevoir leur capital. L'Angleterre est donc deux fois récompensée de sa sagesse : elle voit décroître en même temps le capital de sa dette et le taux d'intérêt qu'elle paie à ses créanciers.

Mais nous n'avons pas achevé l'énumération des moyens par lesquels les chanceliers, de l'Echiquier ont imaginé de faire disparaître des rentes. Depuis que l'impôt foncier, *land tax*, est devenu perpétuel à la fin du siècle dernier, il a été permis de racheter cet impôt moyennant remise au trésor d'un titre de rente. En 1798 le rachat s'opérait par le transfert aux commissaires de la dette nationale d'une quantité de capital (stock) de rente 3 pour 100 tel que le revenu en fût égal à l'impôt foncier qu'il s'agissait de racheter, augmenté d'un sixième. En 1813, les propriétaires purent se ; libérer par le versement d'une somme égale à dix-huit fois le montant de l'impôt annuel, ou par la remise d'un titre de rente dont les revenus, placés à intérêts composés, eussent, en 18 ans, reconstitué un capital dont la rente excédât d'un dixième le montant annuel de l'impôt. Aujourd'hui, les commissaires du revenu intérieur (*inland revenue*) fixent, au contribuable qui désire racheter cet impôt, la somme à leur remettre pour procéder à l'achat de la quantité de consolidés nécessaire. Au 31 mars 1890, il avait été annulé, par suite du rachat de cet impôt foncier, 30 millions de titres.

L'*Inland Revenue Act* de 1880 autorisa les commissaires du revenu intérieur à recevoir des municipalités une somme fixe, en échange des droits de transfert et de timbre qu'elles doivent à l'Etat sur leurs obligations. Toutes sommes reçues de ce chef sont transmises aux commissaires de la dette, qui les appliquent à des rachats de titres de rente. Au 31 mars 1890, il en avait été racheté pour un million. Au cours du dernier exercice (1896-97) il a été racheté de ce chef 25 155 livres capital de titres de rente. Les obligations des municipalités, qui ont fait un arrangement avec le fisc figurent à la cote anglaise sous la rubrique : « Titres de municipalités (*corporations*) et comtés du Royaume-Uni exempts du droit de timbre. »

L'esprit de ces diverses combinaisons est manifeste. Il tend à appliquer l'idée fort juste que, les impôts servant eu partie à acquitter la dette publique, il doit être permis de s'affranchir d'une taxe moyennant une somme qui serve à éteindre un capital de la dette dont le service soit précisément égal à la rentrée procurée au Trésor par l'impôt qu'il s'agit de racheter. Ce sont des dispositions curieuses, dont il serait malaisé de trouver l'analogue dans d'autres pays, et dont l'origine, commune est la préoccupation, si remarquable chez les Anglais, de diminuer, par tous les moyens possibles, le fardeau de la dette publique. Ce sont autant de pompes aspirantes qui fonctionnent sans relâche, les unes pour de petits montants, les autres pour des sommes considérables ; elles sont énumérées au compte général de finance et comprennent des chiffres qui varient depuis 302 livres, titres achetés au moyen des dépôts prescrits des caisses d'épargne, jusqu'à 1 170 000 livres, total des rentes annulées par suite d'échange contre des annuités viagères. D'autre part, plus de 7 millions ayant été payés en cette même année pour annuités terminables, c'est 8 1/2 millions de livres, soit 213 millions de francs, qui ont été amortis en douze mois. Cette simple statistique est plus éloquente que tous les commentaires.

Section VI

L'histoire de la dette anglaise et celle de son amortissement se résument en quelques chiffres. Vers la fin du XVIIIe siècle, à la veille des luttes sanglantes contre la France républicaine et impériale, le montant de la dette, peu à peu grossi par les diverses guerres dont la dernière avait été celle de l'Indépendance américaine, était de 287 millions de livres. En vingt-trois ans, de 1793 à 1816, ce montant triple : au lendemain de Waterloo, la dette consolidée est de 816 millions ; la dette flottante, de 60 millions. Aujourd'hui l'une et l'autre réunies ne dépassent guères 600 millions : en dépit du développement énorme du Royaume-Uni au cours du XIXe siècle, en dépit de ses multiples établissements sur tous les points du globe, d'un budget plus que doublé, de dépenses militaires triplées, de dépenses civiles septuplées, le capital de la dette a diminué de plus du quart. L'addition scrupuleuse de toutes les obligations de l'Échiquier, au 31 mars 1897, s'élevait à 645 millions, dont il faut déduire 23 millions d'actif, ce qui donnait un solde de 622 millions.

Nous ne savons ce qu'il faut plus admirer, du courage des ministres qui n'ont jamais cessé de demander aux Chambres les moyens d'amortir, ou de la sagesse des parlements qui ont accepté les projets des Robinson, des Gladstone, des Childers, des Goschen, tendant tous, sous des formes diverses, à ce but unique : réduire la dette ; la réduire au prix de sacrifices pour les générations présentes, mais la réduire, la réduire encore, la réduire toujours ; en diminuer la charge d'intérêts, en racheter le capital par les combinaisons les plus variées ; se priver de sources de revenus, telles que l'impôt foncier, à condition de faire disparaître un capital de dette dont le service coûtait à l'Etat une somme annuelle égale au chiffre de la taxe abandonnée par lui. Pleins de confiance dans la vertu de cet amortissement aux formes si multiples, si ingénieuses, les Anglais n'ont dédaigné aucune manière de le mettre en pratique : ne voyons-nous pas figurer, dans les comptes publics, un rachat de 150 000 livres de rente opéré au moyen des fractions de pence économisées lors du payement des arrérages aux rentiers ? Le relevé annuel du mouvement de la Dette ne contient pas moins de douze chapitres où se trouvent énumérés les divers fonds qui servent à la réduire : à côté des 1 169 901 livres qu'avait fournies l'année dernière l'échange de titres de rente contre des annuités viagères, nous voyons un modeste amortissement de 937 livres accompli au moyen de legs et donations, un autre de 136 livres avec des fonds provenant d'un excédent de la caisse des retraites des employés des prisons, et ainsi de suite.

Si nous comparons cette œuvre infatigable de nos voisins avec l'allure de nos budgets, nous sommes forcés de reconnaître combien nous leur sommes inférieurs à cet égard. Les chiffres de notre dette consolidée et de notre dette flottante ne cessent de croître. Sauf le tirage annuel qui, le 1er mars de chaque année,[1] nous fait rembourser automatiquement une fraction de nos 4 milliards de rente 3 pour 100 amortissable, laquelle aura ainsi disparu en

---

[1] Cet amortissement représente en ce moment environ 25 millions de francs par an.

Section VI

1953, nous ne faisons aucun effort pour réduire le restant de notre dette, qui mérite chez nous, à tous égards, le nom de perpétuelle. Des conversions successives nous ont bien permis d'en ramener le taux de 5 à 4 1/2 en 1883, de 4 1/2 à 3 1/2 en 1893 et l'abaisseront encore, selon toute probabilité, au moins à 3, en 1902. Mais, dans la longue période de paix que nous traversons depuis un quart de siècle, non seulement nous n'avons pas réussi à faire disparaître la moindre partie du fardeau accumulé sur nos épaules par les désastres de 1870, mais nous l'avons considérablement augmenté. Depuis les grands emprunts de 1871 et 1872, qui ont servi à payer l'indemnité de guerre et à reconstituer nos forces militaires, nous avons émis, à diverses reprises, des rentes dont le capital ajouté à celui de la dette antérieure, forme un total de plus de 26 milliards de francs. L'ensemble des engagemens divers du Trésor, par suite d'annuités dues aux compagnies de chemins de fer, aux caisses vicinale et scolaire, représente 3 milliards, la Dette flottante dépasse 1 milliard, si bien que c'est à plus de 30 milliards que s'élève l'addition de ce passif monstrueux. Et encore n'y comprenons-nous pas les subventions pour chemins de fer d'intérêt local, les annuités pour prêts scolaires, l'avance permanente de la Banque de France. Notre population, à peu près égale à celle du Royaume-Uni, est grevée d'une dette double, dont la charge représente 800 francs par tête d'habitant, alors que le chiffre correspondant pour l'Angleterre est de 400 francs.

Nous n'avons, en dehors des tirages réguliers de la rente 3 pour 100 amortissable, aucune institution destinée à racheter la moindre parcelle de nos engagements. Alors que ceux-ci n'ont cessé de croître depuis le commencement du siècle, les Anglais s'enorgueillissent des résultats que sir Michael Hicks Beach exposait au Parlement dans son *budget speech* d'avril 1897. On sait que, peu après l'ouverture de l'année financière, qui commence le 1er avril, le chancelier de l'Echiquier adresse à la Chambre des communes un discours, qui est à la fois un résumé de l'exercice clos et le programme de celui qui s'ouvre. Il annonce au Parlement les recettes et les dépenses opérées, rappelle ses évaluations déjà soumises à la représentation nationale et développe les idées financières du cabinet, qui se traduisent parfois par des propositions de réformes, telle que fut par exemple celle de l'impôt sur les successions apportée par sir

Stafford Northcote en 1894. En 1897, alors que l'empire anglais se préparait à fêter le jubilé de l'impératrice-reine Victoria, à l'occasion du soixantième anniversaire de son accession au trône, le chancelier de l'Echiquier n'a pas résisté au plaisir de mettre en parallèle la situation économique de l'Angleterre de 1837 avec celle de 1897. Pour le sujet qui nous occupe, les chiffres ne sont pas moins intéressants que dans les autres domaines. Il y a soixante ans, le service de la Dette du Royaume-Uni exigeait 30 millions, soit 58 1/2 pour 100 du budget total ; 28 millions étaient absorbés par le service des intérêts et les frais d'administration, de sorte qu'il ne restait que 2 millions pour l'amortissement. Aujourd'hui la Dette ne coûte que 25 millions, soit 22 pour 100 du budget, et, sur ce chiffre, 7 millions sont consacrés à l'amortissement. Ce service annuel exigeait en 1837 près de 22 shillings par tête d'habitant ; aujourd'hui 9 shillings. La charge totale en capital représentait alors 34 livres, aujourd'hui 16 livres par tête : car, bien que la Dette n'ait pas diminué de moitié, l'augmentation de la population fait que le fardeau en est réparti dans cette proportion. Le crédit de l'Etat s'est amélioré au point que 3 livres de rente, qui s'achetaient en 1837 pour 89 livres, en coûtent 121 à l'heure actuelle.

Le chancelier est heureux d'énumérer, au nombre des amortissements qu'il a opérés au cours de l'année, celui de 1 million 1/2 sur la dette flottante : celle-ci ne consiste plus qu'en bons du Trésor (*Treasury bills*). Il n'y a plus en circulation ni obligations de l'Échiquier (*Exchequer bonds*), dont les dernières avaient été émises par le premier lord de l'Amirauté, ni bons de l'Echiquier (*Exchequer bills*), dont l'usage avait été inauguré il y a deux siècles par Charles Montagu, et qui ont rendu de grands services au Trésor anglais. Mais le fait qu'ils sont émis à cinq ans d'échéance et qu'ils peuvent cependant servir à l'acquittement de certains impôts rend difficile la fixation du taux d'intérêt qu'il convient de leur attribuer. Si le chancelier l'établit trop haut, il cause un préjudice au Trésor ; trop bas, il court le risque de les voir se présenter au remboursement à un moment inopportun.

Quelle force ne donne pas une situation semblable ! Quel courage une nation ne puise-t-elle pas dans une histoire financière, qui lui rappelle les sacrifices qu'elle a pu supporter à une époque où sa population était la moitié de ce qu'elle est aujourd'hui et sa fortune n'était que l'embryon de ce qu'elle est devenue ! Les Anglais ne comprendraient pas le langage des orateurs qui ne cessent de nous parler de budget incompressible et de nous répéter qu'il faut renoncer à voir jamais diminuer nos charges fiscales. Il y a eu plus d'une période dans ce siècle où le total des dépenses publiques a été inférieur en Angleterre à celui de l'année précédente ; en tout cas, il y a eu diminution constante des dépenses relatives à la Dette, puisqu'elles ne dépassent guère en 1898, abstraction faite de l'amortissement, la moitié de ce qu'elles étaient en 1830. Grâce à la sage mesure qui a soustrait ce chapitre au vote annuel du Parlement, le montant fixe consacré au service de la Dette permet d'en prédire l'extinction à un moment donné.

Et il ne faut pas croire que tout soit sacrifié, chez nos voisins insulaires, à cette pensée dirigeante, dont l'influence se retrouve à chaque coin du budget, comme le *leitmotiv* d'un opéra de Wagner s'entend à chaque page de la partition. Une pareille politique porte en elle-même sa récompense : elle donne une telle élasticité aux budgets, que ceux-ci sont prêts à tous les efforts que commande le souci de la grandeur et de la défense nationales. C'est ainsi que, l'année dernière, un excédent budgétaire de 1 765 000 livres avait été employé à des dépenses navales, qu'en cette année même un surplus de 1 600 000 livres, 40 millions de francs, a été consacré à des constructions de vaisseaux, à des augmentations de garnisons coloniales, à des réformes postales et à des dépenses d'instruction publique en Ecosse et en Irlande. C'est ainsi que M. Goschen vient encore de soumettre au Parlement un programme qui prévoit un nouvel et considérable accroissement de la flotte. C'est ainsi que les budgets de l'armée et de la marine anglaises dépassent un milliard de francs, alors que les crédits ouverts à cet effet pour l'année 1897-98 à l'empire d'Allemagne sont de 820, et les nôtres de 914 millions de francs.

Nous ne contemplons jamais pour notre part, sans une admiration mêlée d'envie, cette œuvre laborieuse et patiente des hommes d'Etat qui se sont assis, à tour de rôle, sur le sac de Lainé de Westminster. Nous avons rêvé et nous rêvons encore, pour notre pays, des ministres et des parlements qui s'imposent un programme aussi sévère et qui, chose plus difficile encore, le lèguent à des successeurs décidés à en continuer l'application. Nous souhaitons que l'avenir remette les destinées de la patrie entre les mains de premiers ministres qui soient, eux aussi, des premiers lords de la Trésorerie et des chanceliers de l'Echiquier, c'est-à-dire qui placent les questions financières au rang qu'elles méritent d'occuper dans l'ordre politique. Notre enthousiasme et notre générosité native nous portent à voter, aux heures d'entraînement, bien des dépenses qu'un patriotisme plus réfléchi nous eût conduits à refuser. Si la différence de constitution politique ne nous permet pas d'espérer que nos parlements soient aussi sages qu'un ministre des Finances de l'autocrate de toutes les Russies, assez fort pour s'opposer à des augmentations de dépenses militaires, il nous sera du moins permis d'invoquer en terminant l'exemple d'un pays qui a autant de raisons que nous de vouloir rester armé de toutes pièces : en Allemagne, le gouvernement a arraché cette année au *Reichstag* le vote d'un septennat naval, c'est-à-dire l'approbation d'un programme de constructions maritimes qui engage pour sept ans les finances de l'Empire : mais il n'a obtenu le vote qu'il sollicitait qu'en démontrant que les excédons budgétaires suffiront à ces dépenses nouvelles. Le Parlement de Berlin refuse d'ouvrir le grand-livre de la dette publique ; il agit en cela comme la Chambre des communes à Londres et comme M. Witte à Saint-Pétersbourg. Partout nous voyons quels légitimes soucis la dette publique inspire à ceux qui sont responsables de la conduite des destinées nationales. Partout nous les sentons préoccupés de suivre, de près ou de loin, l'exemple donné depuis longtemps par la Grande-Bretagne : c'est pourquoi il nous a paru utile de mettre sous les yeux de nos lecteurs le mécanisme compliqué dans ses détails, mais simple dans son esprit général, de la dette anglaise. Si jamais on a eu raison de dire que l'histoire est un enseignement, c'est à coup sûr en matière financière, où les principes sont immuables et où les conséquences des erreurs ou de la sagesse sont destinées à retentir à travers les siècles. Les générations futures souffriront de l'imprévoyance de celles qui les ont précédées ; elles recueilleront le fruit de leur sagesse et vénéreront la mémoire des hommes qui, par l'économie et la sévérité de leur gestion, auront préparé la diminution des charges publiques et permis ainsi à l'activité de chacun de s'exercer sans entrave, pour le plus grand bien du pays.

ISBN : 978-1545440407

www.ingramcontent.com/pod-product-compliance
Lightning Source LLC
Chambersburg PA
CBHW061235180526
45170CB00003B/1300